Artistes | numéro **22**

WILLIAM BLAKE,
LE PEINTRE DES TÉNÈBRES

Un romantique tourné vers l'invisible

par Thomas Jacquemin

50MINUTES

Avec la collaboration d'Angélique Demur

WILLIAM BLAKE

- **Naissance ?** Né le 28 novembre 1757 à Londres.
- **Mort ?** Décédé le 12 août 1827 dans la même ville.
- **Contexte ?** Le Royaume de Grande-Bretagne et le romantisme anglais.
- **Œuvres majeures ?**
  - *Les Chansons de l'Innocence* (1789)
  - *Le Mariage du Ciel et de l'Enfer* (1790-1793)
  - *Le Livre d'Urizen* (1795)
  - *Les Quatre Zoas* (1797-1807)
  - *Le Grand Dragon rouge et la Femme vêtue de soleil* (1806-1809)

Du crépuscule du XVIIIe siècle à la fin des guerres napoléoniennes, l'Empire britannique est au cœur des conflits. Face à l'accumulation des drames, les pères du mouvement romantique cherchent à redécouvrir l'Angleterre originelle, synonyme d'Éden. Ces artistes sont à la charnière de deux mondes, de la tradition et de la nouveauté, du passé et de l'avenir. Les premiers à se lancer sont Edward Young (1683-1763), qui s'exalte dans le thème de la mort et de la mélancolie, James Thompson (1700-1748), qui cherche dans la nature de nouvelles couleurs plus vives, ou encore William Collins (1721-1759), qui se plaît à faire l'éloge des sentiments et aborde des thèmes emplis de nostalgie, à travers des scènes qui prennent place au milieu des ruines, des tombeaux et de la nature sauvage. Et, évidemment, il y a William Blake.

Chez ce dernier, on peut difficilement séparer poésie prophétique, peinture et gravure, les unes se mêlant aux autres pour former un tout harmonieux. Son influence sur la pensée romantique britannique du XIXe siècle est majeure, bien qu'il ne soit ni chef de file ni théoricien. Isolé, à l'instar d'autres romantiques tels que William Cowper (1731-1800) et Robert Burns (1759-1796), il devient pourtant sans le savoir l'un des initiateurs d'un puissant courant artistique. Anticlérical, mystique, illuminé, voyant, pacifiste, révolté et antimonarchiste : de nombreux qualificatifs sont nécessaires pour définir la personnalité paradoxale de William Blake. Jugé fou par la majorité de ses contemporains, il est considéré comme un génie visionnaire par ses adeptes. Se détournant des sujets antiques surexploités, du doux paysagisme anglais et des thématiques maniéristes de son temps, il se plonge dans les ténèbres, dans un univers où les démons et les anges règnent en maîtres. Il contribue ainsi, de manière inconsciente, à créer une profonde rupture avec le classicisme.

CONTEXTE

L'ÂGE D'OR BRITANNIQUE

Né en 1757, William Blake connaît d'abord, dans les premières années de sa vie, une période de paix, sous la pleine puissance de l'Empire britannique. En 1763, l'Angleterre sort victorieuse de la guerre de Sept Ans. Elle y gagne la Nouvelle-France (les colonies françaises d'Amérique du Nord) et la maîtrise des mers à travers le globe. Il s'agit d'une période pacifique et faste pour l'Empire britannique : les richesses affluent massivement depuis l'Inde et les autres colonies, tandis que le commerce triangulaire d'esclaves, de sucre et de rhum lui assure d'importants revenus. C'est en quelque sorte un âge d'or britannique.

LA GUERRE DE SEPT ANS

La guerre de Sept Ans (1756-1763) est considérée par beaucoup comme le premier conflit mondial. En effet, bien qu'elle se déroule principalement en Europe, opposant la Grande-Bretagne, épaulée par la Prusse et le Hanovre, à la France, soutenue par l'Autriche, la Suède et la Saxe, son export à travers les colonies britanniques et françaises d'Amérique et d'Asie la projette à travers le tout globe. Cette guerre trouve son origine dans la concurrence de deux nations, l'Angleterre et la France, lancées dans la course aux colonies. Au cours du conflit, l'Angleterre mise davantage sur la guerre dans les colonies tandis que la France concentre ses principaux efforts sur l'Europe. La guerre de Sept Ans se solde par la perte des colonies françaises d'Amérique du Nord.

LA GUERRE DE L'INDÉPENDANCE AMÉRICAINE

Mais après plus d'une dizaine d'années, alors que l'Angleterre ne rencontre aucune vraie résistance, la guerre de l'Indépendance américaine se déclenche. Celle-ci résulte de lois fiscales étouffantes pour les colons américains qui, dès 1764, font connaître leur mécontentement. La situation empire jusqu'à ce que des incidents graves opposant soldats britanniques et colons éclatent dans les rues de Boston en 1770 et en 1773. Suite à d'autres violences, des colons se regroupent pour former le Congrès continental et rédigent, en 1776, la Déclaration d'indépendance américaine. Celle-ci marque le début d'une guerre officielle entre les colons nord-américains et la métropole anglaise.

Tout au long du conflit, une large frange de l'opinion publique du Royaume-Uni s'oppose à cette guerre considérée comme fratricide et à la politique répressive adoptée par le roi George III (1738-1820). C'est au cours de cette période que naît chez William Blake une haine viscérale de la guerre. Devenu antimonarchiste, il fréquente le milieu des radicaux, et il écrit ses premiers poèmes en faveur de la révolution et contre la politique belliqueuse du souverain britannique. Ses textes ne sont cependant publiés qu'à la fin du conflit, en 1783, qui voit la victoire définitive des insurgés et la formation des États-Unis indépendants.

L'IDÉAL RÉVOLUTIONNAIRE

Quelques années plus tard, en 1789, la Révolution française éclate, portée par l'idéal de liberté nourri par la philosophie des Lumières depuis la fin du XVIIᵉ siècle. Le peuple s'élève contre l'absolutisme (système politique dans lequel le souverain détient tous les pouvoirs) et réclame plus de droits. À partir de cette période et jusqu'à la fin du XVIIIᵉ siècle, plusieurs des publications de William Blake se réfèrent à l'actualité : le poème « La Révolution française » (1791) traite de la situation en France, *America : une prophétie* (1793) évoque la révolution américaine et *Visions des filles d'Albion* (1793) s'attaque aux lois morales de la société anglaise.

En 1792, alors que la République française voit le jour, en Angleterre, et à Londres en particulier, la mode est prorévolutionnaire : on s'habille comme les Jacobins – nom attribué aux membres du club des Jacobins, qui regroupe la bourgeoisie et la paysannerie françaises révolutionnaires. On délaisse les perruques et la poudre pour porter les cheveux courts, les vêtements se font plus simples et de nouveaux groupes contestataires émergent, ce qui inquiète le pouvoir anglais. William Blake lui-même, porté par l'effervescence générale, s'affiche avec un bonnet phrygien rouge sang en soutien aux révolutionnaires français. Mais dans les jours qui suivent, les Britanniques déchantent en apprenant avec stupeur les massacres perpétrés à Paris, ainsi que l'arrestation et l'incarcération du roi de France et de sa famille.

Louis XVI (1754-1793) est guillotiné le 21 janvier 1793. Moins d'un mois plus tard, la France déclare la guerre à l'Angleterre et aux Provinces-Unies (les actuels Pays-Bas), puis à l'Espagne, alors qu'elle était déjà entrée en conflit, entre autres, avec l'Empire autrichien en 1792. C'est une époque très sombre qui commence et le style de William Blake s'en ressent : ses thèmes et son approche se font plus pessimistes et plus ténébreux. Cette guerre, qui emporte des centaines de milliers de vies, ne s'interrompt qu'avec la défaite de l'empereur français Napoléon Ier (1769-1821) lors de la bataille de Waterloo, en 1814-1815. Entre temps, la récession, la famine par intermittence et la misère sont le lot de tous les Européens, et la démobilisation ne fait dans un premier temps qu'appauvrir davantage la population. Lorsqu'en 1827, William Blake s'éteint, c'est profondément marqué par les atrocités et avec un immense dégoût de la guerre.

BIOGRAPHIE

LES ANNÉES DE FORMATION

William Blake naît à Londres le 28 novembre 1757, au 28 Broad Street, dans le quartier de Soho. Il est le deuxième fils d'un famille de six enfants et son père, artisan bonnetier, est membre avec sa femme d'une secte protestante, les Dissenters. Profondément chrétien, William Blake est, dès son enfance, sujet à des visions à caractère divin et prophétique. Pour ces raisons, tout au long de son existence, il sera considéré comme fou par la majorité de ses contemporains.

En 1767, le jeune garçon rejoint l'école de dessin de Henry Pars (1734-1806) et, dès 14 ans, il mêle à ses dessins des vers. Choqué par la guerre de l'Indépendance américaine, il y trouve une importante source d'inspiration, tant pour le dessin que pour l'écriture. À l'âge de 15 ans, en 1772, il entre dans l'atelier de gravure de James Basire (1730-1802) à la Royal Academy of Art. Sept ans durant, il y développe son talent de graveur. Lorsqu'en 1774, James Basire l'envoie à l'abbaye de Westminster pour y croquer les œuvres exposées, le jeune homme découvre l'art gothique : pour lui, c'est une véritable révélation. Après cinq années passées à étudier l'art et l'architecture des XIIe et XIIIe siècles, Blake, fervent lecteur des pièces de William Shakespeare (1564-1616), est pris d'une véritable passion pour le Moyen Âge et la Renaissance. Les puissantes musculatures des personnages de Michel-Ange (1475-1564), notamment, se retrouveront dans ses dessins.

En 1779, alors qu'il est âgé de 22 ans, William Blake entame une formation en peinture classique d'une durée de six ans à la Royal Academy Schools. Le responsable de l'établissement, le portraitiste Sir Joshua Reynolds (1723-1792), tente sans grand succès de pousser le jeune artiste à davantage de retenue et d'humilité dans ses œuvres. Sur place, William Blake se lie d'amitié avec John Flaxman (1755-1826), qui deviendra plus tard le sculpteur anglais le plus célèbre de sa génération.

En 1782, William Blake rencontre Catherine Boucher (1762-1831), la fille d'un maraîcher de Battersea, avec laquelle il se marie. Afin d'épauler son époux, celle-ci apprend la gravure et les techniques de coloration. Plusieurs enluminures d'ouvrages de William Blake sont de sa main.

L'HEURE DU MYSTICISME

En 1784, le couple Blake ouvre une boutique de gravure dans le quartier de Soho. Trois ans plus tard, Robert Blake, le jeune frère de l'artiste, succombe à la phtisie (tuberculose pulmonaire). Cet événement marque profondément William Blake, qui a une vision de l'âme de ce dernier s'élevant dans les airs en applaudissant de joie. Suite à cette expérience, le peintre se tourne vers des lectures mystiques et assiste à des conférences de l'église swedenborgienne.

William Blake se lance bientôt dans l'écriture d'œuvres à caractère prophétique tels que les *Chants d'innocence* (1789). En 1790, il illustre de nombreux ouvrages pour le compte de l'éditeur Joseph Johnson (1738-1809), de même que pour son ami Henry Fuseli (1741-1826), peintre suisse reconnu, swedenborgien lui aussi. Alors que William Blake voue à Henry Fuseli une admiration inconditionnelle, celui-ci considère l'artiste comme trop fantaisiste et le taquine à propos de ses visions célestes. Néanmoins, à l'instar de John Flaxman, Henry Fuseli est pour William Blake un ami fidèle qui lui obtient des commandes et lui apporte son soutien jusqu'à la fin de sa vie. En effet, exalté, celui-ci ne connaît pas les usages de la haute société, où il est perçu comme un homme simple et étrange.

L'EMPREINTE DE LA RÉVOLUTION FRANÇAISE

Touché par les événements qui ont lieu en France, William Blake se détache de l'église swedenborgienne dont la tendance au cléricalisme (intervention du clergé dans les affaires publiques) le dérange. Adoptant une spiritualité nouvelle, plus créative, l'artiste se fait moins respectueux de la hiérarchie céleste. Par exemple, le poème « Le Mariage du Ciel et de l'Enfer » (1790-1793) réhabilite la figure du diable, qui n'est pas présenté comme un être absolument mauvais. C'est imprégné de cette approche très personnelle du christianisme et sous le choc des horreurs de la Révolution française qu'il écrit ses plus célèbres livres prophétiques : *Le Mariage du Ciel et de l'Enfer* et *America* (1793), *Le Livre d'Urizen* (1794) ou encore *Europe* (1800), tous richement illustrés.

En 1802, William Blake trouve un emploi de graveur dans le Sussex auprès du poète William Hayley (1745-1820). Sa tâche principale est de mettre en gravure les œuvres artistiques du fils mourant de son employeur. L'atmosphère rurale de cette région est une grande source d'inspiration et de visions célestes pour William Blake qui, en 1802, est en pleine écriture de *Vala*, rebaptisé ensuite *Les Quatre Zoas* (1797-1807), un livre prophétique sous forme de poème épique traitant d'un éternel descendu dans le monde des mortels.

PRÉCARITÉ ET ÉLÉVATION CÉLESTE

En 1803, les Blake sont de retour à Londres. Appauvris, ils vivent désormais dans un modeste deux-pièces. En 1808, William Blake organise une exposition de ses œuvres dans la maison familiale de Soho, mais c'est un échec cuisant : les visites sont rares et la seule critique à ce sujet est hostile au peintre, qu'elle dit dément.

La fin des guerres napoléoniennes et la dépression économique n'arrangent pas les choses. Mais William Blake fait une nouvelle rencontre en la personne de John Linnell (1792-1882), fils de sculpteur et vendeur de gravures. Ce jeune homme devient son adepte, et obtient pour lui de nouvelles commandes et des fonds. Dans les années 1820, avec l'aide de John Linnell, William Blake peint des portraits de fantômes vus en vision, allant de célèbres personnages antiques à une puce. Continuant à travailler sur des illustrations malgré une santé vacillante, William Blake décède le 12 août 1827 à l'âge de 69 ans. Il meurt accompagné de visions célestes, chantant le Paradis qui lui ouvre ses portes. Son épouse le rejoint quatre ans plus tard au cimetière des Dissenters à Bunhill Fields, à Londres.

CARACTÉRISTIQUES

UN ARTISTE COMPLET

Les œuvres du peintre William Blake font partie intégrante de son travail de graveur et de poète. Ses gravures cumulent bien souvent dessins et écrits, les uns répondant aux autres. Artiste complet, William Blake est en mesure de graver et d'imprimer lui-même un ouvrage comprenant des écrits illustrés en couleur. Ainsi, en 1788, il crée une technique de gravure et d'impression dont il dit devoir la découverte à son frère défunt. Cette technique consiste à écrire ses textes et à dessiner ses illustrations directement sur des plaques de cuivre à l'aide d'un mélange résistant à l'acide. Il tirera plusieurs éditions d'ouvrages à l'aide de ce processus.

Davantage illustrateur que peintre au sens traditionnel du terme, William Blake ne fait pas dans le format monumental. Ses œuvres mesurent généralement une quarantaine de centimètres et ne dépassent que rarement les 60 centimètres. Son outil principal, que ce soit dans ses gravures ou dans ses toiles, est l'aquarelle, le plus souvent accompagnée à l'encre et à la plume ou à la mine de plomb. Pas de peinture à l'huile chez William Blake, qui utilise parfois de la gouache et des techniques de coloration à l'or. À l'occasion, il lui arrive de recourir à la tempera, une technique de peinture mêlant les pigments à du jaune d'œuf utilisé comme liant. Certains des choix de l'artiste dans les matériaux utilisés répondent aussi à des nécessités financières. Lors des périodes creuses, par exemple à son retour du Sussex en 1803, William Blake se voit ainsi contraint de réaliser la majeure partie de ses dessins à la mine de plomb ou à la plume et à l'encre.

UN ROMANTIQUE TOURNÉ VERS L'INVISIBLE

Si William Blake est associé au courant romantique, c'est principalement en raison des thèmes qu'il aborde dans ses œuvres. En réaction aux heures dramatiques que vit l'Europe et à la révolution industrielle qui se profile, il exalte la beauté de l'art médiéval gothique et la majesté des mondes passés, tout en ancrant fermement son art dans les thématiques révolutionnaires de son temps. Son attrait pour le fantastique, la religion et les sujets shakespeariens et celtisants rejoint lui aussi la veine romantique, en quête d'évasion vers d'autres univers.

Toutefois, par certains aspects, le style pictural de William Blake s'éloigne de celui de ses contemporains romantiques. Là où le romantisme fait la part belle à la couleur afin de faire ressortir les émotions, la préférence de William Blake va durant la majorité de sa carrière au dessin et à la finesse du trait, ce qui dénote une proximité technique avec les écoles picturales traditionnelles. Mais vers la fin de sa vie, William Blake se laisse aller à des tracés moins fins et délaisse même l'encre et la mine de plomb au profit d'un étalage de couleurs qui le rapproche dès lors des romantiques qui lui succéderont.

Aussi préfère-t-il, aux poses mélancoliques prisées par les romantiques, les scènes apocalyptiques et le caractère tragique des grands épisodes de l'*Ancien Testament*. Dieu, la damnation et l'asservissement des hommes sont au cœur de son œuvre, dont la particularité tient principalement aux sujets traités et à la manière de les envisager. En effet, grâce à ses visions, William Blake dépeint le monde d'une manière tout à fait unique, se refusant à représenter les choses visibles à tous. La nature qui s'offre à ses yeux lui apparaît comme morte, tandis qu'il considère ce qu'il perçoit dans ses apparitions et ses songes comme un entraperçu du monde céleste qu'il se fait fort de reproduire à destination de tout un chacun. Ses œuvres sont donc avant tout des retranscriptions de ses visions.

OBÉRON, TITANIA ET PUCK : LA DANSE AVEC LES FÉES

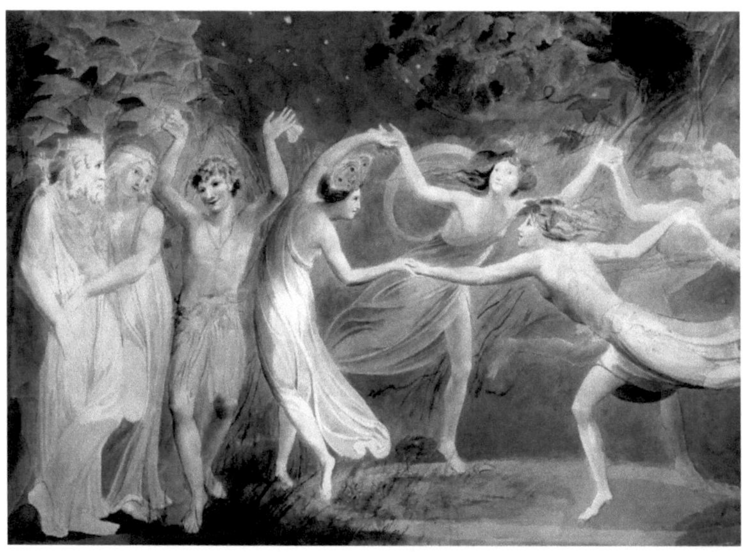

Obéron, Titania et Puck : la danse avec les fées, 1786, aquarelle et mine de plomb, 47,5 x 67,5 cm, Londres, Tate Gallery.

Cette œuvre évoque la scène finale de la pièce *Le Songe d'une nuit d'été* (1594-1595) de William Shakespeare. Obéron et Titania, roi et reine des fées, se tiennent sur la gauche. Puck, démon à l'esprit farceur, est représenté à côté d'eux, les bras levés. Sur la droite, quatre fées dansent une ronde, toutes à la joie de voir leurs aventures connaître un dénouement heureux. En effet, après toute une série de quiproquos, nous sommes au moment du *happy end* de la comédie shakespearienne.

Le Songe d'une nuit d'été

Dans cette pièce aux multiples rebondissements, divers personnages se rencontrent et leurs histoires s'entremêlent avec confusion. Ainsi s'unissent et se désunissent pour mieux se retrouver des couples d'amoureux, des philtres d'amour et des elfes farceurs se mêlent aux histoires de cœur, et des comédiens croisent le chemin de fées dans le décor d'une forêt emplie de magie.

L'Angleterre des années 1780 est férue d'œuvres évoquant les pièces de Shakespeare : les peintres anglais Henry Fusely, Richard Westall (1765-1836) et John Everett Millais (1829-1896) ou encore les artistes français Eugène Delacroix (1798-1863) et Odilon Redon (1840-1916), notamment, réalisent, à l'instar de William Blake, des compositions d'inspiration shakespearienne. Blake ayant formé un partenariat d'imprimeur-éditeur dès 1784 afin de se faire une place dans l'édition en mettant en avant ses techniques d'imprimerie, cette toile pourrait être une tentative de sa part de s'imposer sur le marché.

Le thème choisi rompt avec les sujets classiques du XVIIIe siècle, puisqu'il se réfère à une œuvre de la Renaissance, elle-même inspirée à Shakespeare par la mythologie celtique. Les protagonistes laissent libre cours à leur joie au milieu d'une nature mystérieuse, magique et sauvage. La clarté, dont l'assistance resplendit, paraît être celle de la pleine lune sous laquelle danse la cour du roi et de la reine des fées, dans une Bretagne païenne et mystérieuse. Mais si le sujet est romantique, le dessin et la répartition des personnages sont pour leur part clairement influencés par le classicisme. Le trait est précis et les personnages, mis dans un autre décor, pourraient parfaitement être les protagonistes d'une fête antique. Rien d'étonnant à cela : William Blake est alors âgé de 32 ans, et ses années de formation classique sont encore toutes proches.

SATAN DANS SA GLOIRE ORIGINELLE

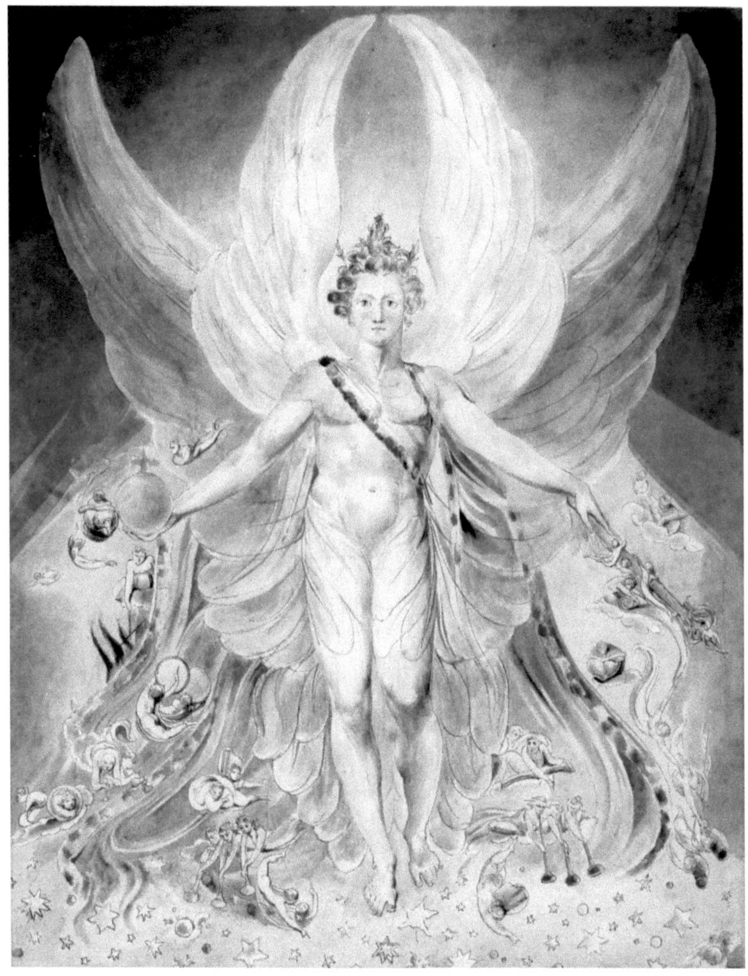

Satan dans sa gloire originelle, 1805, aquarelle et encre, 42,9 x 33,9 cm, Londres, Tate Gallery.

Cette peinture à l'eau représente Satan à l'époque de sa grandeur, lorsqu'il était encore le plus bel ange de Dieu, avant qu'il ne tombe en disgrâce et ne soit chassé du Paradis. Le globe et le sceptre entre les mains du personnage, d'une beauté classique mais évoluant dans un thème qui ne l'est absolument pas, sont les attributs de son pouvoir, de sa domination sur le monde. Par ailleurs, il apparaît que le diable a plus de succès chez les romantiques, attirés par l'excès tant dans la beauté que dans la monstruosité, que chez les précédentes générations d'artistes. Évoquant le mystère, l'inconnu et l'ombre, il fascine plus qu'il ne fait horreur, et ses représentations sont généralement plus flatteuses qu'elles ne l'étaient aux siècles précédents.

L'œuvre offre un parfait aperçu de la conception du monde de William Blake en 1805. L'artiste vient alors d'achever plusieurs de ses livres prophétiques et est au faîte de sa vision personnelle du christianisme. Blake évoque Satan, ou plutôt Lucifer, dont le nom signifie littéralement « le porteur de Lumière », comme un être en quête de rédemption, cherchant à établir un lien entre le bien et le mal.

Satan dans sa gloire originelle a souffert du temps. D'une grande beauté, la toile a malheureusement perdu de sa splendeur suite à une trop forte exposition à la lumière. Les couleurs étaient à l'origine plus chatoyantes, avec un ciel au bleu intense.

LE GRAND DRAGON ROUGE ET LA FEMME VÊTUE DE SOLEIL

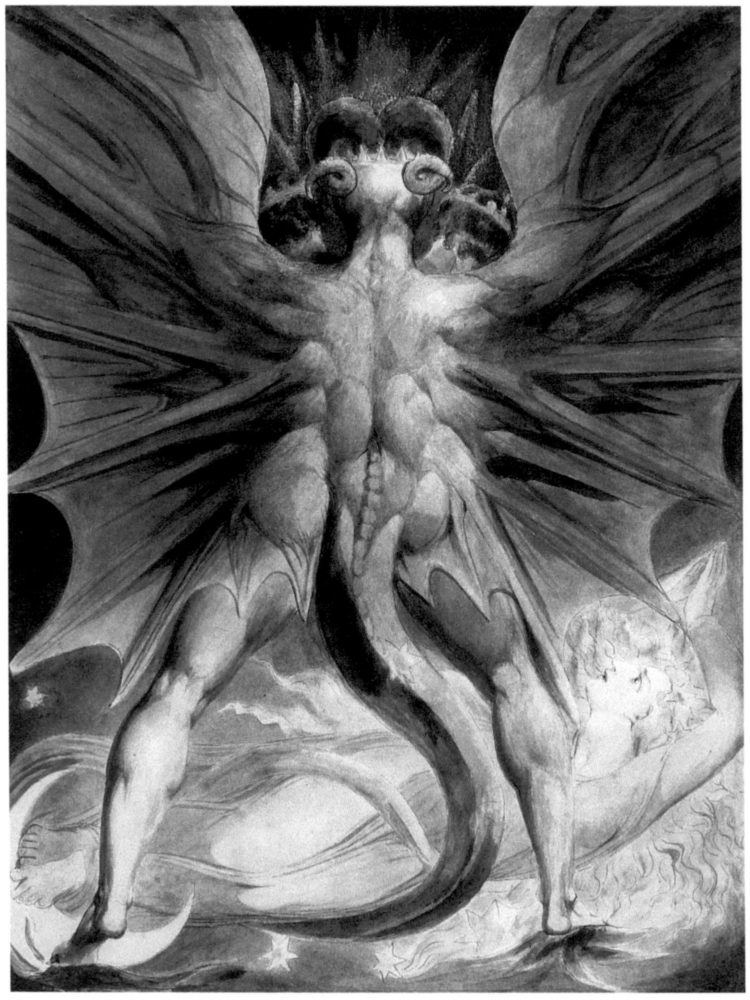

Le Grand Dragon rouge et la Femme vêtue de soleil, 1806-1809, tempera, encre, mine de plomb et or sur toile, 42 x 34,3 cm, New York, musée de Brooklyn.

Dans les premières années du XIXᵉ siècle, entre autres pour le compte de John Linnell, William Blake est chargé de réaliser de nombreuses illustrations aux thèmes bibliques.

Cette toile est une des quatre peintures aquarellées que William Blake a peintes sur le thème du dragon rouge. Elle représente ce dernier, avatar de Satan, que les anges affrontent dans l'*Apocalypse* de saint Jean. Il surplombe une femme enceinte dont la couleur dorée et les mains jointes évoquent la sainteté. Elle s'oppose en cela au rouge démoniaque de la bête et à l'arrière-fond très sombre de la toile. Le dragon cherche à dévorer l'enfant à naître une fois celui-ci sorti du ventre de sa mère. L'atmosphère de l'œuvre, qui représente toute l'horreur de l'instant où la pureté va être dévorée par le mal absolu, est particulièrement tragique.

Cette toile a été rendue célèbre auprès du grand public par deux thrillers américains, *Le Sixième Sens* (1986), film fantastique du réalisateur M. Night Shyamalan (né en 1970), et *Dragon rouge* (2002), troisième film de la tétralogie consacrée au personnage fictif d'Hannibal Lecter créé par le romancier américain Thomas Harris (né en 1940).

LE FANTÔME D'UNE PUCE

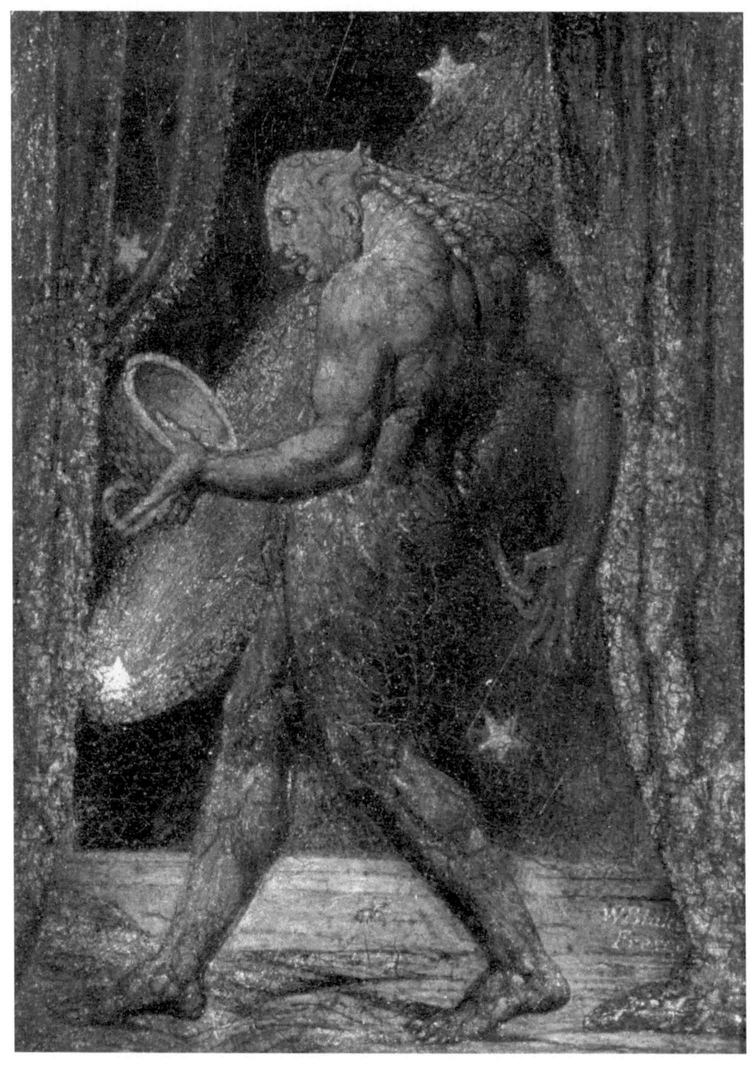

Le Fantôme d'une puce, 1820, tempera, encre et or sur acajou, 21,4 x 16,2 cm, Londres, Tate Gallery.

Cette représentation de taille réduite appartient à une série de planches commandées par John Varley (1788-1842), artiste, astrologue et ami de William Blake.

Au cours des années 1820, William Blake est l'objet de visions de fantômes. Comme à son habitude, il reproduit ses visions dans des dessins et des peintures, et s'en inspire dans ses réflexions artistiques. La plus célèbre de ces représentations est probablement celle du fantôme d'une puce. D'après Blake, le fantôme de la puce lui aurait révélé que ces insectes sont habités par les âmes des hommes excessivement sanguinaires. C'est la raison pour laquelle le fantôme, qui possède à la fois des traits humains et animaux, est représenté en train de lorgner le fond d'un bol dans lequel est contenu du sang. Le rêve, l'imaginaire et la propension au fantastique des artistes romantiques sont pleinement mis à l'honneur dans cette œuvre à l'ambiance particulière.

MÉDITATION PARMI LES TOMBES

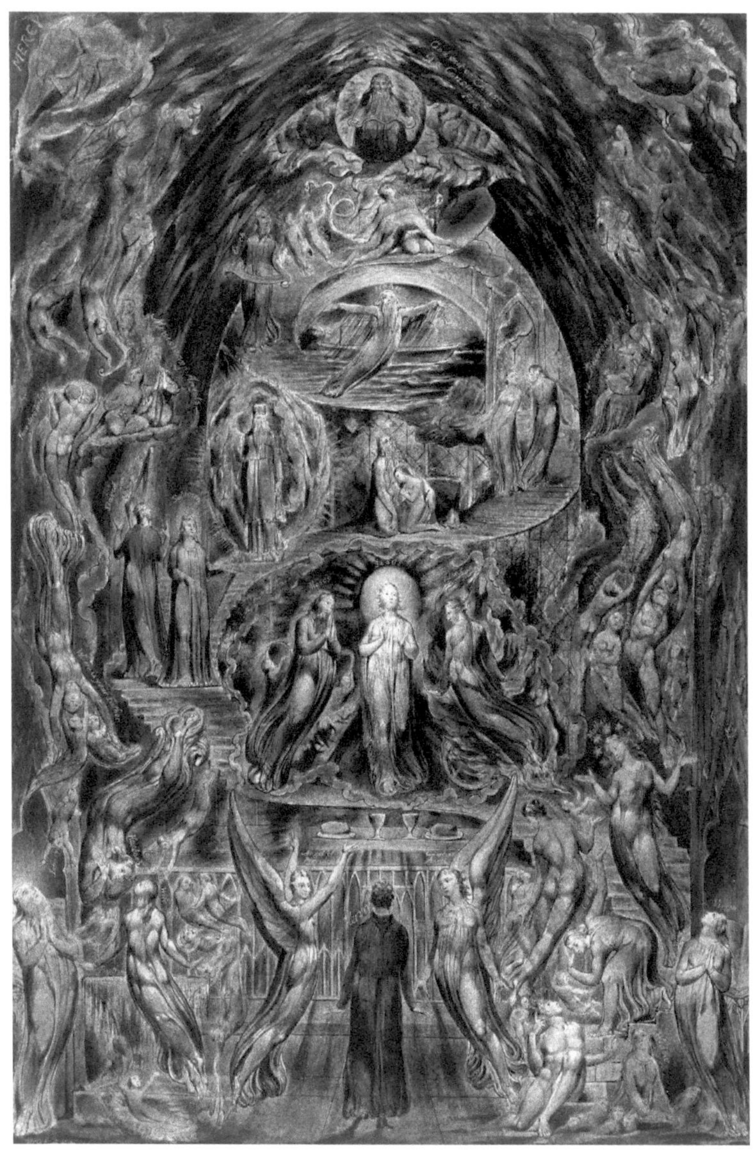

Méditation parmi les tombes, 1820-1825, aquarelle et encre, 43,1 x 29,2 cm, Londres, Tate Gallery.

Cette toile est inspirée de l'ouvrage de l'écrivain anglais James Hervey (1714-1758), *Méditations parmi les tombes*, publié en 1746. Ces textes populaires de dévotion ont eu un franc succès en leur temps et ont été réimprimés à plusieurs reprises. Le sujet en est la mort, et plus particulièrement la douleur que celle-ci provoque aux êtres aimés lorsqu'elle est précoce. Sur l'œuvre de William Blake, le personnage central, vu de dos, n'est autre que James Hervey lui-même. L'arrangement complexe de l'ensemble est à concevoir comme une narration qui serpente le long de l'escalier : on y trouve une veuve éplorée de la mort de son époux et de ses enfants, des personnages en prière ou en larmes ou encore des âmes errantes.

La composition de l'œuvre, de même que les poses de la majorité des personnages, évoquent une cathédrale gothique, style apprécié entre tous par Blake et qui fait écho à l'attrait des romantiques pour le monde médiéval et ses ténèbres. Sur les côtés supérieurs de la toile volent des âmes défuntes dans une atmosphère sombre et fantomatique. Les couleurs pâles et ternes rappellent quant à elles la froideur de la mort.

LA TOURMENTE DES AMANTS

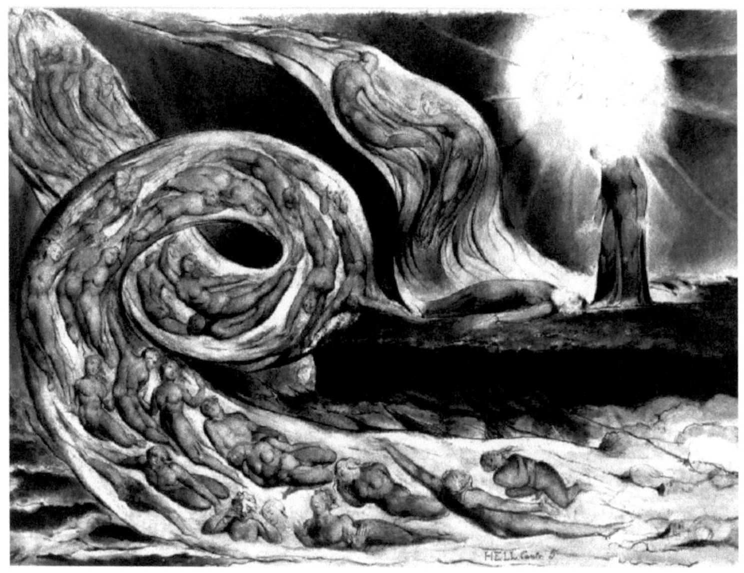

La Tourmente des amants, illustration de La Divine Comédie de
Dante Alighieri, 1824-1827, aquarelle, 37 x 52,3 cm, Birmingham,
Birmingham Museum.

À la fin de sa vie, William Blake se voit confier par John Linnell
l'illustration de La Divine Comédie (vers 1307-1321) de l'Italien Dante
Alighieri (1265-1321). Cette œuvre littéraire majeure, considérée
comme l'un des plus grands chefs-d'œuvre de la littérature mon-
diale, conte le voyage imaginaire de son auteur à travers l'au-delà,
qu'il décrit avec force détails. Après avoir traversé les neuf cercles
de l'Enfer et les sept girons de la montagne du Purgatoire, Dante,
guidé par Virgile (poète latin, Ier siècle av. J.-C.), visite les neuf cieux
du Paradis. Au cours de son périple, le poète rencontre toute une
série de personnages allant des grands penseurs antiques à des per-
sonnalités contemporaines.

En raison des thèmes développés par Dante – la damnation et l'asservissement des hommes –, *La Divine Comédie* rencontre complètement les préoccupations de William Blake. Dans *La Tourmente des amants*, celui-ci représente, tel qu'il est décrit par l'écrivain, le deuxième cercle des Enfers, celui des luxurieux, où se trouvent les âmes des pécheurs coupables d'avoir privilégié le plaisir charnel au mépris du bon sens. Leurs âmes sont emportées, en guise de punition, dans un tourbillon sans fin qui ne leur laissera jamais aucun répit. Parmi ces âmes damnées se trouvent Francesca da Rimini (vers 1255-vers 1285) et Paolo Malatesta (vers 1246-vers 1285), deux amants désormais célèbres, tués par l'époux de Francesca après que leur amour adultère ait été découvert par ce dernier.

Dans ses dernières œuvres, l'artiste délaisse de plus en plus la finesse du trait et le dessin pour donner plus de corps et de force à la couleur. Ici, seule l'aquarelle est utilisée. Il en ressort une ambiance plus marquée par le rêve et la fantasmagorie. Aussi le tout est-il plus profond et plus mystérieux.

WILLIAM BLAKE,
UNE SOURCE D'INSPIRATION

Le romantisme des paysagistes anglais se divise en deux écoles. D'un côté, il y a ceux qui se tournent entièrement vers la nature et ses multiples aspects. De l'autre, il y a ceux qui tournent le dos à la réalité et qui ont des visions d'un monde utopique ou qui sont à la recherche d'un univers différent. William Blake, l'un des créateurs de cette deuxième école, en est également la personnalité la plus représentative. Son influence sur les générations plus jeunes est incontestable. À la fin de sa vie, il est déjà entouré de quatre artistes, adeptes de son approche artistique et philosophique des choses, croyant tous à la force de ses visions et ayant le sens de l'utopie. Viennent d'abord John Linnell, le jeune mécène du peintre, Edward Calvert (1799-1883) et Samuel Palmer (1805-1881), connu pour ses toiles bucoliques et mystiques, qui développent leurs talents de graveurs et de peintres sous l'influence directe de William Blake. Ces trois artistes forment le groupe de Shoreham, du nom d'un village non loin de Brighton où ils séjournent tous les trois avant 1832. S'y ajoute James Ward (1769-1859), un adepte isolé, qui se fait connaître pour ses toiles sombres et tragiques, plus particulièrement pour ses représentations de combats d'animaux.

William Blake est porté par le surgissement de l'inconscient, une volonté de laisser libre cours à la vérité de l'être, loin de la raison inculquée. Cette approche est également celle des surréalistes, chez qui, près d'un siècle plus tard, l'influence de l'artiste anglais sera palpable.

Aujourd'hui encore, dans la culture populaire ou chez les intellectuels, de l'écrivain André Gide (1869-1951) au groupe de rock américain des années soixante The Doors, qui ont choisi leur nom en référence à un poème du *Mariage du Ciel et de l'Enfer* de William Blake, en passant par l'écrivain Aldous Huxley (1894-1963) qui fit de même pour son livre *Les Portes de la perception* (1954) ou encore, plus récemment, le chanteur français Étienne Daho (né en 1957) avec *Les Chansons de l'innocence retrouvée* (2013), l'influence de l'artiste visionnaire est tangible. Présent essentiellement dans la culture anglo-saxonne, l'esprit de William Blake se retrouve dans l'œuvre fantastique de J.R.R. Tolkien (1892-1973), l'auteur de la célèbre trilogie *Le Seigneur des Anneaux* (1954-1955), dont la genèse mytho-féérique de son *Silmarillion* est visiblement inspirée du poème mythique *Les Quatre Zoas* (1797-1807) du peintre et poète romantique. L'univers créé par J.R.R. Tolkien et des éléments de son monde apparaissent aussi de manière évidente dans les deux œuvres écrites par William Blake en 1794, *Europe : une prophétie* et *Le Livre d'Urizen*. Enfin, l'œuvre de Blake est également une source d'inspiration pour le cinéma hollywoodien, *Dragon rouge* et *Le Sixième Sens* en tête, ainsi que pour certaines séries américaines à succès, notamment *The Mentalist*, où l'ombre du dragon rouge de William Blake est omniprésente.

EN RÉSUMÉ

- William Blake naît en 1757 à Londres. Influencé sur le plan spirituel par ses parents, membres d'une secte protestante, il est déjà sujet, enfant, à des visions à caractère religieux. Celles-ci ne le quitteront plus et le font passer pour fou auprès d'un grand nombre de ses contemporains.

- Dès le début de l'adolescence, il mêle poésie et art graphique, et est touché par la beauté de l'art gothique, qu'il découvre alors qu'il suit une formation de graveur.

- Marqué par la guerre de l'Indépendance américaine, puis par la Révolution française, William Blake écrit des poèmes antimonarchistes et révolutionnaires. Mais la Révolution ne tarde pas à faire place à la Terreur, ce qui déçoit profondément Blake.

- En 1784, bouleversé par le décès de son jeune frère, il se plonge dans des lectures mystiques et écrit une série de livres prophétiques abondamment illustrés.

- William Blake est un artiste complet : ses œuvres de peintre – ou, plus justement, d'illustrateur – font partie intégrante de son travail de graveur et de poète. Toute sa vie, il produit des gravures qui combinent dessins et écrits pour diverses commandes.

- Associé au mouvement romantique, bien qu'il soit en marge, William Blake partage avec ces artistes la même révolte vis-à-vis des horreurs de son époque et la même fascination pour les époques passées, le fantastique, ou encore les thèmes shakespeariens ou celtisants.

- Cependant, son style pictural se différencie de celui des romantiques en raison de l'importance prépondérante qu'il accorde au dessin, au détriment de la couleur. Par ailleurs, tandis que les romantiques privilégient les poses mélancoliques, William Blake préfère les scènes apocalyptiques et le caractère tragique des grands épisodes de l'Ancien Testament : Dieu, la damnation et l'asservissement des hommes sont au cœur de son œuvre.

- Grâce à ses visions, William Blake dépeint le monde d'une manière tout à fait personnelle. Il considère ce qu'il perçoit dans ses apparitions et ses songes comme un entraperçu du monde céleste qu'il se fait fort de reproduire à destination de tous. Il ouvre ainsi la voie à cette catégorie d'artistes romantiques qui tournent le dos à la réalité, à la recherche d'un univers différent.

POUR ALLER PLUS LOIN

SOURCES BIBLIOGRAPHIQUES

- BERSANI (Jacques) (dir.), *La Grande Histoire des littératures. Héritages et courants*, Paris, Encyclopædia Universalis & Le Grand Livre du Mois, 2001.
- BLAKE (William), *Le Mariage du Ciel et de l'Enfer et autres poèmes*, Paris, Gallimard, 2013.
- BONNEFOY (Yves), *William Blake*, Paris, Hazan, 2013.
- BOUTANG (Pierre), *William Blake, manichéen et visionnaire*, Paris, La Différence, 1990.
- COLLECTIF, *William Blake. Le génie visionnaire du romantisme anglais*, Paris, Paris Musées, 2009.
- ERDMAN (David), *Blake, Prophet against Empire, a Poet's Interpretation of the History of his own Times*, Princeton, Princeton University Press, 1977.
- GOLDSMITH (Steven), *Blake's Agitation, criticism & the emotions*, Baltimore, The Johns Hopkins University Press, 2013.
- JORDIS (Christine), *William Blake ou l'Infini*, Paris, Albin Michel, 2014.
- MEYER (Laure), *Les Maîtres du paysage anglais. De la Renaissance à nos jours*, Paris, éditions Pierre Terrail, 1992.
- NURMI (Martin), *William Blake*, Kent, The Kent State University Press, 1976.
- QUENNELL (Peter), *L'Angleterre romantique. Écrivains et peintres. 1717-1851*, Londres, éditions du Chêne, 1972.
- TULARD (Jean), *La France de la révolution et de l'Empire*, Paris, PUF, 2004.

SOURCES ICONOGRAPHIQUES

- Blake (William), *La Tourmente des amants*, 1824-1827, aquarelle, 37 x 52,3 cm, Birmingham, Birmingham Museum. La photo reproduite est réputée libre de droits.
- Blake (William), *Le Fantôme d'une puce*, 1820, tempera, encre et or sur acajou, 21,4 x 16,2 cm, Londres, Tate Gallery. La photo reproduite est réputée libre de droits.
- Blake (William), *Le Grand Dragon rouge et la Femme vêtue de soleil*, 1806-1809, tempera, encre, mine de plomb et or sur toile, 42 x 34,3 cm, New York, musée de Brooklyn. La photo reproduite est réputée libre de droits.
- Blake (William), *Le Livre de Job : quand les étoiles du matin chantaient ensemble*, 1820, aquarelle, 280 x 179 cm, New York, The Morgan Library and Museum. La photo reproduite est réputée libre de droits.
- Blake (William), *Méditation parmi les tombes*, 1820-1825, aquarelle et encre, 43,1 x 29,2 cm, Londres, Tate Gallery. © Tate.
- Blake (William), *Obéron, Titania et Puck : la danse avec les fées*, 1786, aquarelle et mine de plomb, 47,5 x 67,5 cm, Londres, Tate Gallery. La photo reproduite est réputée libre de droits.
- Blake (William), *Satan dans sa gloire originelle*, 1805, aquarelle et encre, 42,9 x 33,9 cm, Londres, Tate Gallery. La photo reproduite est réputée libre de droits.

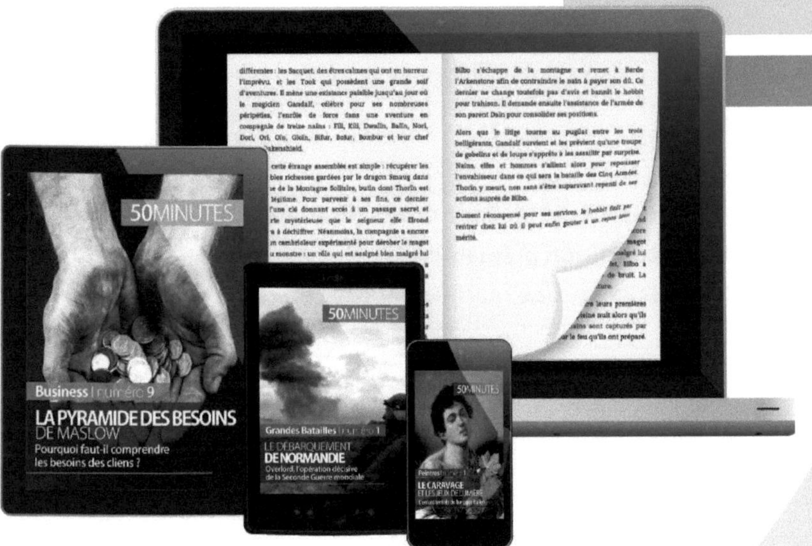

Éditeur responsable : Lemaitre Publishing
Rue Lemaitre 4 | BE-5000 Namur
info@lemaitre-editions.com

ISBN ebook : 978-2-8062-5816-8
ISBN papier : 978-2-8062-5817-5
Dépôt légal : D/2014/12603-177
Photo de couverture : © *Le Livre de Job : quand les étoiles du matin chantaient ensemble*, 1820, par William Blake.

Conception numérique : Primento,
le partenaire numérique des éditeurs